Animales

Helena Bootsman

Escrito por:
Helena Bootsman

Traducido al español por:
Maria del Pilar Valero Usón

Ilustrado por:
Helena Bootsman

Editado por:
Graviant educative uitgaven, Doetinchem

© junio 2015

ISBN 978-9491337390

Prólogo

Mimosa,
La inspiración de mi libro.

Te llevo al mundo del color, queridos animales
y bonitas historietas.
Para todas las personas jóvenes y mayores,
porque ¡ Leer, es fantástico !

Oso

Cuando voy al zoológico, querido oso
Te veo jugar con tus amiguitos
Te veo dormir y dar volteretas
Oso lindo
Corriendo tras tus amiguitos
En casa tengo un peluche
Se parece mucho a ti
¿ Y sabes que hay escrito en su jersey ?
"Solamente te quiero a ti"

Jirafa

Patas largas y una cola larga
Cuello largo y una larga lengua
Por tu cuerpo manchas divertidas
¿ Te acuerdas que canté para ti ?
Jirafa linda, jirafa alta
¡ Ven hacia mi !
Un beso en tu mejilla
Y además una caricia.

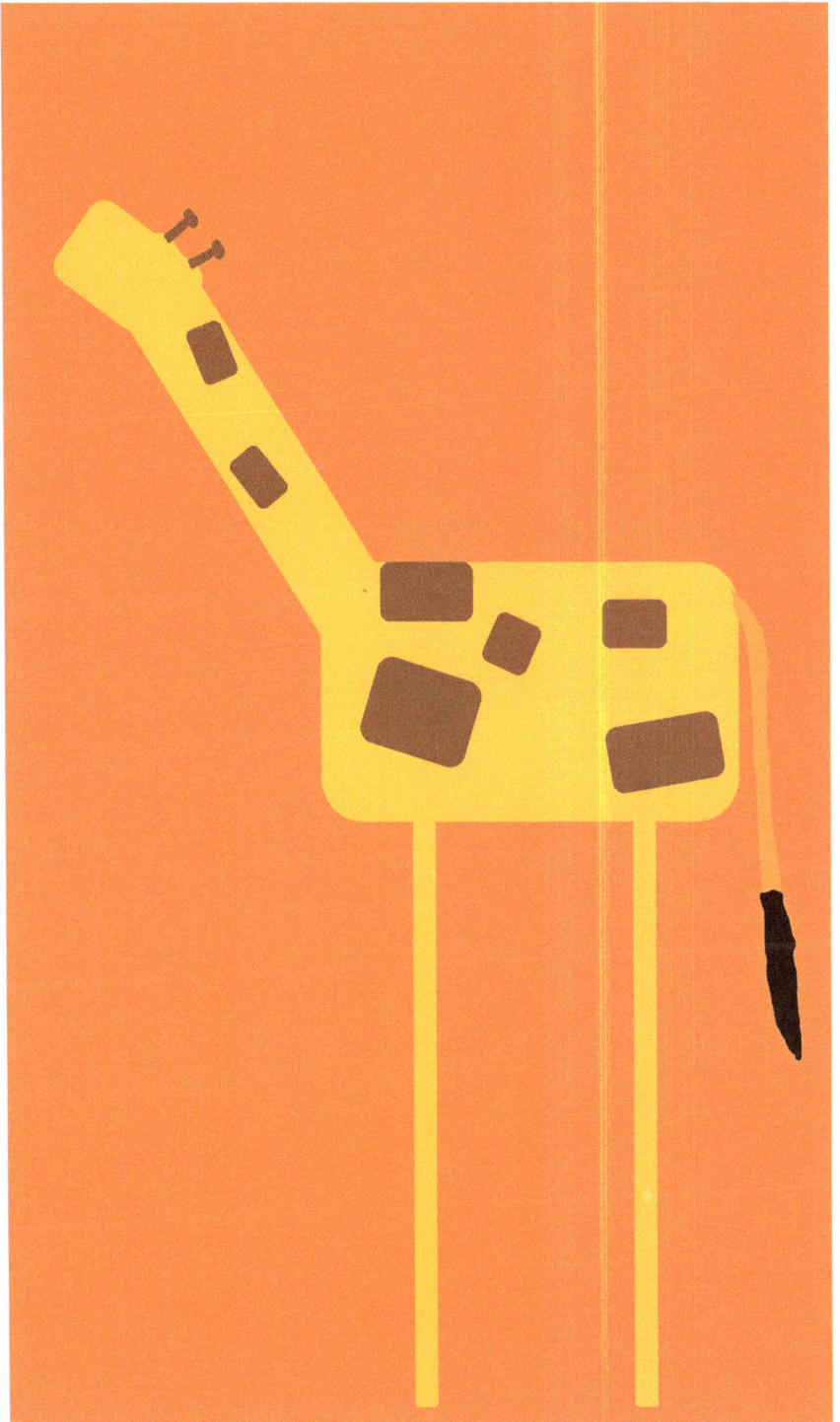

Vaca

La vaca está en el campo
La vaca me mira
La vaca muge
La vaca come la hierba que crece
Nos das leche
Tan blanca como la nieve
Es buena para todos
¡ Me hace fuerte como un león !

Conejo

¿ Quién está saltando por entre la hierba ?
Ya te veo
Orejas largas, una colita de conejo
Y una nariz pequeña
¿ Vienes a comer zanahorias ?
¿ O también te gusta la fruta ?
Quiero acariciarte y tenerte en mi regazo
Ven conmigo
Tengo también pan muy bueno.

Pollito

El pollito pía
El pollito salta
Gracioso y suave
Pequeño y rápido
El pollito corre
¡ Mira cuantos hay !

Medusa

Sin boca
Sin ojos
Sin huesos
En el agua bailas dando vueltas
Pero sin agua
Te quedas aplastada en el suelo como
un pudin de gelatina.

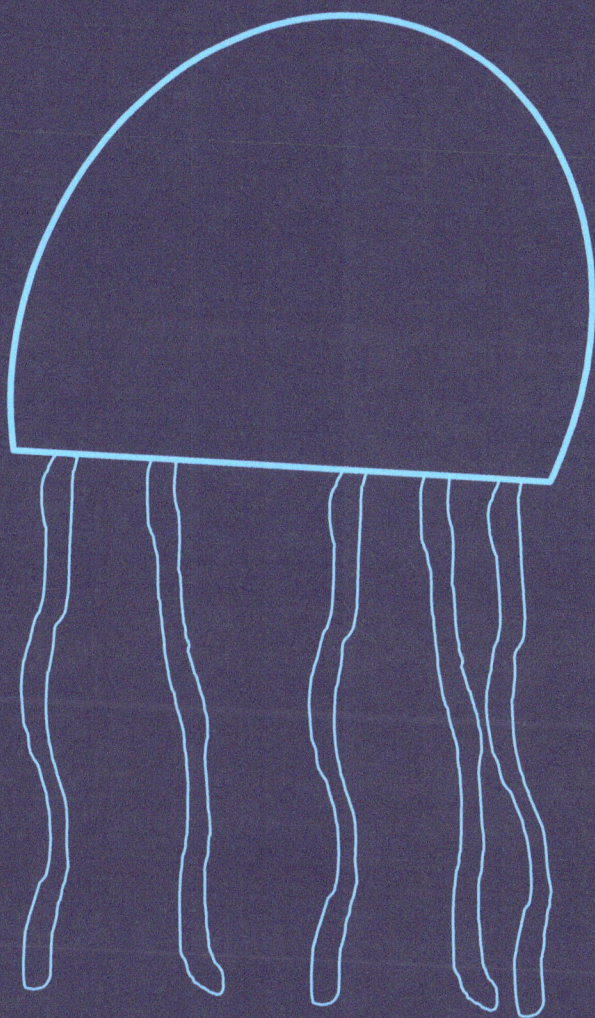

Ratón

Soy pequeño y rápido
Mis ojitos sí que ven
Mi nariz huele mucho
Mi cola hace lo que quiere
Mira mi pequeño agujerito
¡ Ven a ver !
¡ Qué bien es estar allí !

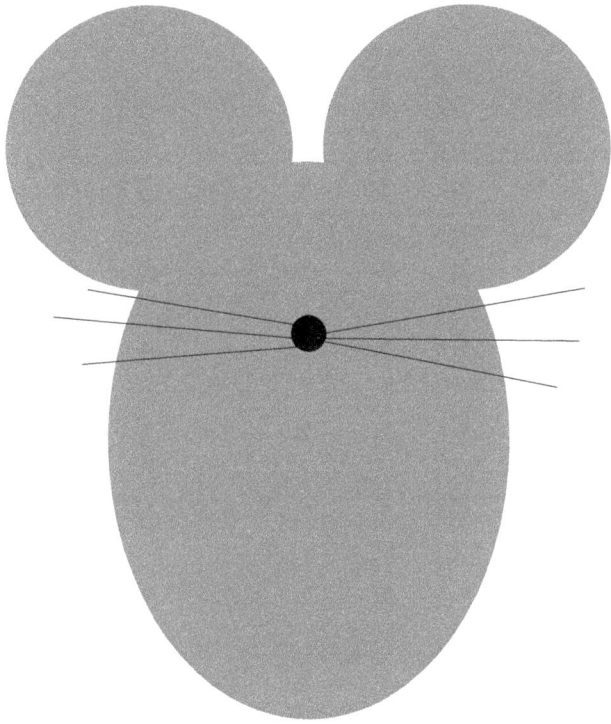

Elefante

Elefante, ¡ Qué grande eres !
Elefante, pero ¡ Qué fuerte eres !
Grandes orejas
Larga trompa
Quiero jugar contigo, pero no sé
si me atrevo
Una trompa para beber y comer
También te limpias con ella
A veces se parece a una trompeta
¡ Uno, dos, tarataratareta !

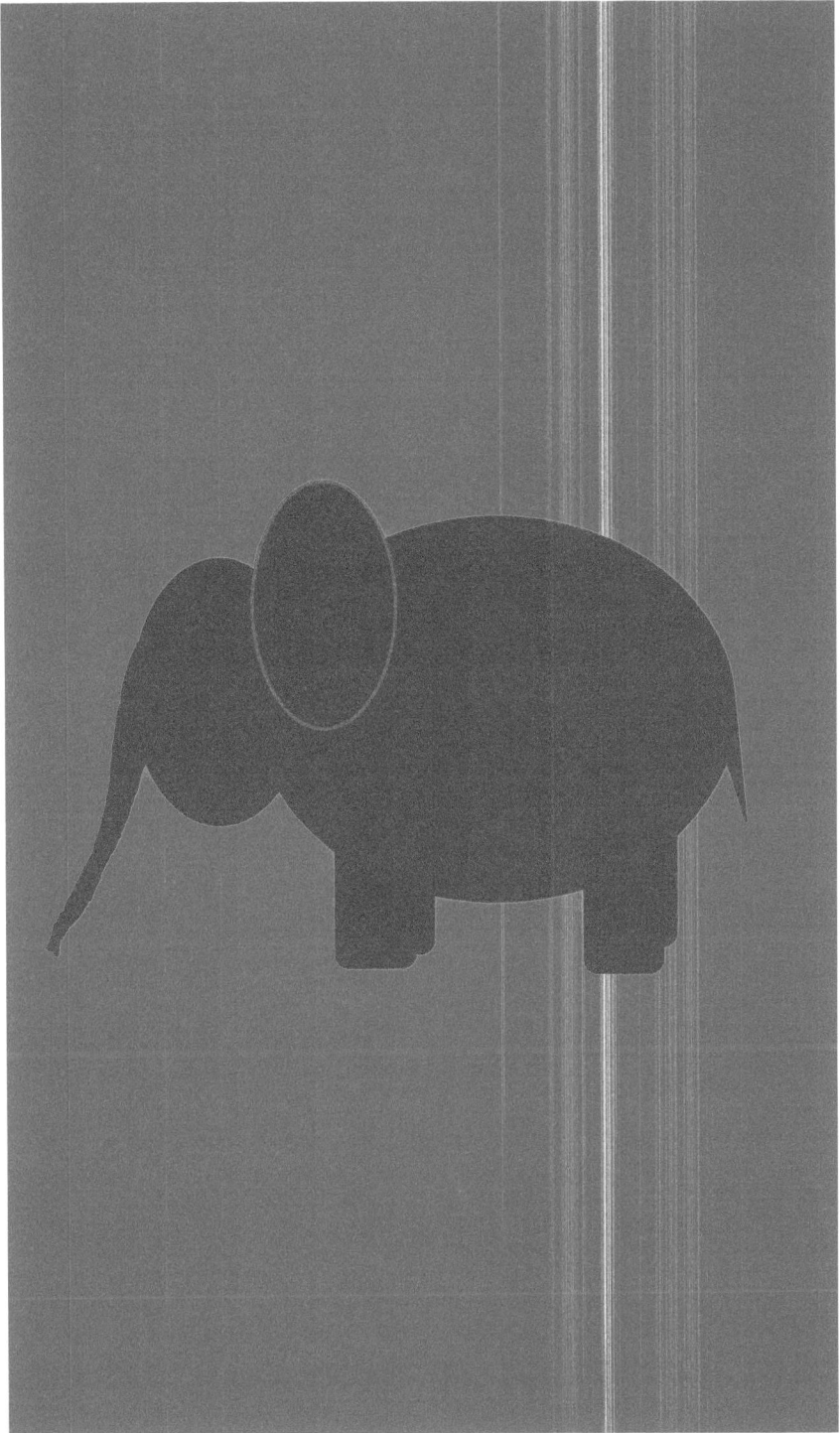

Caballo

Querido caballo
Vengo a verte
Querido caballo
Te acaricio la cabeza
Querido caballo
Nos vamos a pasear un ratito
Querido caballo
Contigo siempre se pasa bien.

Gato

Te estoy oyendo
Te oigo maullar
¿ Me has echado en falta ?
¡ Cuidado con tus afiladas uñas !
Te oigo ronronear
Qué bien estar en casa
Me estás lamiendo
Te acaricio la cabeza
Me das un golpecito con la pata
¡ Vete a jugar con tu bolita de lana !

Oveja

Ssssss, la ovejita está durmiendo
Se parece a una nube blanca entre la hierba
¡ Qué bonita eres !
Me gustaría que fueras mi almohada
Y cada día soñaría
Soñaría contigo
Que paso por tu lado y me sonríes
¡ Qué bien voy a dormir !
Toda la noche.

Serpiente

Ssserpiente, tú eres tan larga
Ssserpiente, mucha gente te tiene miedo
Tu lengua va para dentro y para fuera
Siseando
Sin brazos y sin patas
Entonces no tienes dedos
Arrastrándote con tu cuerpo
Siempre vas hacia adelante
Pero nunca tienes que limpiarte
Porque tu piel está llena de escamas.

Araña

La casa hecha de hilos
Es lo único que tengo
Un cuerpo con ocho patas
Aquí estoy en mi telaraña
Mosca por aquí, insectos por allá
Todo esto es lo que como, ¡ Es verdad !
Hay diferentes clases de mi especie
Grandes, pequeñas, gruesas, delgadas
A veces con colores vivos
Si me ves, no te asustes ni chilles
Déjame tranquila, éso es todo lo que quiero.

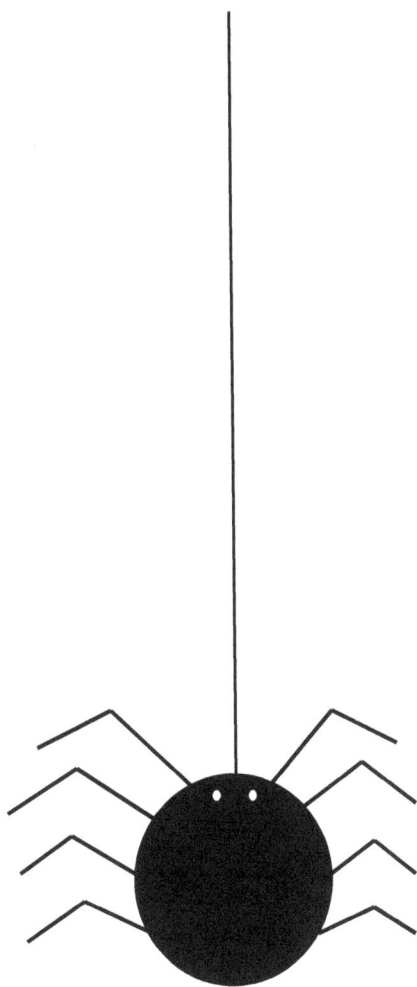

Cerdo

Al macho se le llama cerdo
Le gustan las verduras y también
come peras
A una hembra se le llama cerda
Verla con sus cerditos me encanta
Al cerdito se le llama lechón
¡ Qué bien jugar en el barro !
Ahí es donde más me gusta tumbarme.

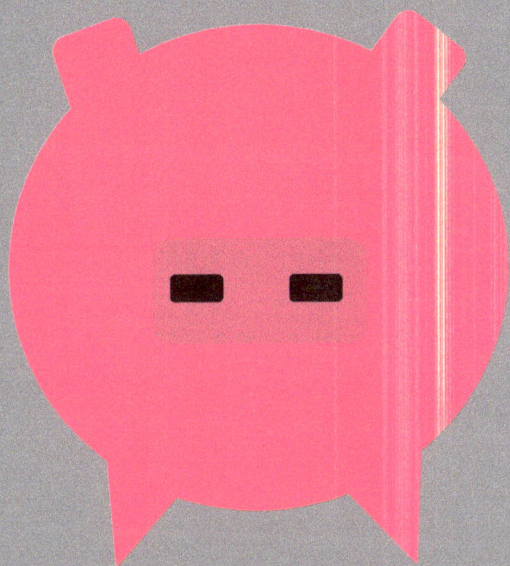

Pez

Vivo en el agua
Nado todo el día
Respiro por mis branquias
A veces saco mi cabeza y te saludo
Hay miles de clases diferentes de mi
especie
En todos los colores del arco iris
Tengo aletas y una cola
Pero, solamente hay uno que se parece a
un caballito.

Mariposa

Revoloteo, revoloteo, ¡ Mira como vuelo !
Nací en mi cuna como un gusano
Me ves de muchas clases y medidas
Con mis ojitos vigilo todo
Mis alas, las hay de muchos colores
Y con mis antenas huelo todos los olores.

Información sobre el libro

Animales es un libro ilustrado sobre animales, cuya historieta es divertida y con mucho colorido. Cada animal está descrito como un pequeño cuento. Las ilustraciones de los animales son simples, alegres y llenas de color, sobre todo entretenidas y agradables a la vista de los niños. Las historietas están descritas con un vocabulario simple y concreto sobre alguna característica de un animal. El pez respira por sus branquias o una cerda es un cerdo hembra. Todos los animales tienen algo por lo que los podemos reconocer.

Es un libro alegre e instructivo con el que se transporta a los niños al mundo de los animales con la idea de enriquecer su vocabulario en la lengua española.

Este libro es atractivo (además de para párvulos con talento) para jóvenes y mayores.